시민은 무엇을

할 수 있을까요?

시민이란 어떤 사람일까요?

시민은 바로 당신 같은 사람이에요.

시민은 한 그루의 나무를 심을 수 있어요.

시민은 한 사람의 이웃을
도울 수 있어요.

시민은 뜻깊은 일을 함께 할 수 있어요.

시민은 규칙을 바꾸자고 요청할 수 있어요.

시민은 잘못을 바로잡을 수 있어요.
시민은 무언가를 바꿀 수 있어요.

시민은 그동안 뒤집혀 있던 것을
올바르게 되돌릴 수 있어요.

시민은 관심을 가져야만 해요.

시민은 주의깊게 들여다보고 멀리 내다보아야 해요.

시민은 무언가를 만들고 지켜 낼 수도 있어야 해요.

곰이 시민일 수도 있어요.

그래요. 곰도 시민이에요.
그리고 어린이도 시민이고요.

시민은
분홍 바지를 입을 수 있어요.

시민이라면
숨어서 지낼 필요가 없어요.

저절로 시민이 되는 건 아니에요.
시민이 된다는 건 무언가를 하는 거예요.

시민은 이 사회에 자신보다 더 많은 사람이 있다는 걸 결코 잊지 않는 사람이에요.

우리는 사회의 한 부분이고요,

그 사회는 기쁨과 슬픔으로 가득 차 있어요.

바둑판의 바둑알처럼 서로 다른 자리에 있는 사람들.

이 땅에 똑같은 사람은 아무도 없어요.

만약에 우리가 단 한 사람,

외로운 하나의 영혼에게 손을 내민다면,

길을 열어 준다면, 빛을 가져오는 거예요.
우리 모두를 엮어서 커다란 하나를 만들어요.

그러니까 자신만 생각하는 건 잠시 잊으세요.
삽을 들거나 펜을 쥐어 보세요.

그리고 다른 사람을 위해서 무언가를 해 보세요.

그렇게 할 수 있어요.
의심하지 말아요.

그러면 모든 것이 달라질 거예요.
당신이 생각한 것보다 더 멋진 곳까지 당신이 한 일이 닿을 거예요.

모든 이야기들은 바로 이 물음과 함께 시작합니다.
시민은 무엇을 할 수 있을까요?

명사와 함께 읽는 철학동화

시민인 당신은 오늘 무엇을 할 계획인가요?

나는 지금부터 어린이 여러분을 '당신'이라고 부르겠습니다. 당신은 나와 함께 오늘을 살아가고 이 사회를 꾸려 나가는 사람이기 때문입니다. 그러니 내가 사랑하고 존중하는 친구와 동료를 부르는 명칭인 '당신'이라는 말로 여러분과 이야기 나누고 싶습니다. 나는 무릎을 약간 낮출 테니 당신은 고개를 약간 들어 주면 좋겠습니다. 아니, 그것보다는 높이가 적당한 의자에 앉아서 서로를 마주 보는 것이 더 좋은 방법이겠군요. 이제 우리가 마주 보고 나눌 이야기는 '시민'에 관한 것입니다.

우리가 사는 사회를 함께 꾸리는 사람을 시민이라고 합니다. 그러니 나도 당신도 시민입니다. 시민이 되기 위해 당신이 어떤 사람인지는 중요하지 않습니다. 성별이 무엇인지, 나이가 몇인지, 어떤 몸을 가졌는지, 누구를 사랑하는지, 어디에서 태어났는지, 어떤 가족과 살고 있는지, 친구는 몇 명이나 있는지와 같은 것들은 당신을 시민으로 만들어 주지 않습니다. 당신이 어떤 일을 하는지가 중요합니다.

그 어떤 일이 쉬운지 어려운지, 작은지 큰지, 결과가 좋은지 나쁜지는 중요하지 않습니다. 옳다고 생각하는 일, 마땅히 해야 하는 일, 새로운 세계의 문을 여는 일에 함께한다면 당신은 시민입니다.

넘어진 친구의 손을 잡아 주는 일, 도서관의 책을 깨끗이 보고 돌려 주는 일, 교실에 제일 먼저 도착해 창문을 활짝 여는 일은 모두 시민이 할 수 있는 일입니다. 때로는 어떤 것을 하지 않는 것이 시민의 일이기도 합니다. 춥고 배고픈 길고양이에게 발을 쿵쿵 구르지 않는 일, 나와 다르게 생긴 친구를 빤히 바라보지 않는 일, 누군가를 비난하는 농담에 웃지 않는 일 또한 시민이 할 수 있는 일입니다.

한 명의 시민은 거대한 일을 하는 사람이 아니지만, 한 곳에 모인 시민들은 거대한 흐름을 만들어 냅니다. 당신은 거대한 흐름을 이끄는 사람이 될 수도, 거대한 흐름을 만들기 위해 모이는 사람이 될 수도 있습니다. 이끄는 사람과 모이는 사람은 서로 다른 사람이지만 동시에 모두 똑같은 시민입니다. 나라의 독립을 위한 만세 운동에, 독재자에게 저항하기 위한 민주화 운동에 당신과 같은 이들이 있었습니다. 오늘날 기후 변화의 심각성을 지적하는 환경 보호 운동에도, 여성과 남성이 동등한 교육의 기회를 받아야 함을 말하는 자리에도, 국가의 인권 탄압을 전 세계에 알리는 곳에도 당신들이 있습니다. 그러니 당신은 시민입니다.

거리에 걸린 현수막에서, 지하철 광고판에서, 어느 날 어른들에게 받은 손 편지에서, 뉴스 기사에서 '어린이는 내일의 주인공'이라는 말을 본 적이 있을 것입니다. 하지만 당신은 내일의 주인공이 아닙니다. 어쩌면 비가 내릴 수도, 햇볕이 따뜻할 수도, 차가운 바람이 불 수도 있는 바로 오늘, 오늘의 주인공입니다.

오늘의 당신은 비를 그치게 할 수는 없지만, 비를 맞고 서 있는 사람에게 우산을 씌워 줄 수 있습니다. 차가운 바람을 멈추게 할 수는 없지만 옆 사람의 손을 따뜻하게 잡아 줄 수 있습니다. 당신이 우산을 씌워 주고 손을 잡아 준 이들이 언젠가 당신이 목마를 때 물을 들고 뛰어오는 사람이 될 수도 있습니다. 그렇게 우리는 서로를 위해 시민이 될 수 있고 서로를 통해 시민이 될 수 있습니다.

한 사람의 시민인 당신은 주인공이 되는 일을 내일로 미루지 않았으면 좋겠습니다. 나는 주변 사람들이 당신의 말을 내일 듣겠다며 미루지 않도록, 우리가 함께 앉은 것과 같은 의자에 그들을 앉히는 역할을 하겠습니다.

그렇다면 시민인 당신은 오늘 무엇을 할 계획인가요?

인천 인주초 교사, 초등성평등연구회 소속 교사 이신애

시민은 무엇을 할 수 있을까요?

초판 1쇄 발행 2020년 1월 20일
초판 4쇄 발행 2020년 12월 30일
글 데이브 에거스 | **그림** 숀 해리스 | **옮김** 김지은 | **해설** 이신애
발행인 금교돈 | **편집장** 문주선 | **디자인** 배혜진 | **마케팅** 이종응, 김민정
발행 이마주 | **주소** 서울시 중구 세종대로 21길 30
등록 2014년 5월 12일 제301-2014-073호
내용 문의 02-724-7855 | **구입 문의** 02-724-7851
블로그 http://blog.naver.com/imazu7850 | **이메일** imazu7850@naver.com
제조국명 대한민국 | **사용연령** 5세 이상 | **주의사항** 날카로운 책장이나 모서리에 주의하세요
ISBN 979-11-89044-21-3 73840

What Can a Citizen Do?
Text copyright © 2018 by The Hawkins Project
Illustrations copyright © 2018 by Shawn Harris
All Rights Reserved. No part of this book may be reproduced in any form without written permission from the publisher.
First published in English by Cronicle Books LLC, San Francisco, California.
Korean translation copyright © 2020 by IMAZU
Korean translation rights arranged with Cronicle Books LLC through Orange Agency

이 책의 한국어판 저작권은 오렌지 에이전시를 통해 저작권자와 독점계약한 이마주에 있습니다.
저작권법에 의해 한국 내에서 보호를 받는 저작물이므로 무단 전재와 복제를 금합니다.
잘못된 책은 구입하신 곳에서 바꾸어 드립니다.